어느 봄바다 활동성
어류에 대한 보고서

조승래 시집

서정시학 시인선 177

서정시학

마른 잎 몇 장
땅위에 엎드렸다가 사그라지더니

그게 마중을 간 것이구나
문패도 없는 거길 용케도 찾아

떡잎을 데리고 왔네
공손하게 모시네

여기
또 저기에서도
받드는 희망

　　　　　　　　— 「연두는 희망이다」 전문

어느 봄바다 활동성 어류에 대한 보고서

시인의 말

입을 가리고 살아야 하는
상상조차 하지 못한
현실 앞에서

시인들은
밥을 먹고
시를 쓰고
내일은 희망이라는
비닐우산 하나
받들고 산다.

잠시
마스크를 풀고
굳은 잉크를 풀어
일곱 번째 시집을 낸다.

- 먼 길이다.

2021년 2월

차 례

시인의 말 | 5

1부

황금 사리舍利 | 13
두 개의 길 | 14
젖은 신발은 돌아가지 못한다 | 15
마스크 | 16
긍정의 굴레 | 17
판토마임 | 18
기차와 황소 | 19
그물 | 20
숲 | 21
저 단색單色! | 22
코로 만나다 | 23
뜨거운 심장으로 | 24
완주 | 25
나비의 길 | 26

2부

소실점과 관련하여 | 29
달에서 가져온 빵 | 30
데깔코마니의 오점汚點 | 31
우주 오아시스 | 32
알몸 우화羽化 | 34
시간의 매듭 | 35
하늘 나그네 | 36
파종 | 37
28분과 29분의 차이 | 38
때로는 | 40
웃음만 믿고 | 41
감포甘浦 해변 | 42
경계를 넘어 | 43
점點의 힘 | 44

3부

혀가 말한다 | 49

밥값 | 50

길조吉兆 | 51

무한 포용 | 52

절기節氣들이 진을 치다 | 53

빈 족적足跡 | 55

화병 가라앉다 | 56

문상問喪 | 58

정치政治를 입에 물면 | 59

뻔한 뻔뻔론論 | 60

합석의 부조리 | 61

없다면 | 62

신 윤리장전 | 63

개가 꾸는 꿈 | 64

4부

연두는 희망이다 | 69
차이나타운을 걸어가는 여인 | 70
그림자의 뿌리 | 71
알함브라 야생화 | 72
모차르트의 시간 | 74
1.05 | 78
고고학적 상상력 | 79
춘하추동 꽃 동산 | 80
어느 봄바다 활동성 어류에 대한 보고서 | 82
점멸漸滅, 또는 적멸寂滅 | 84
검劍 | 85
큰 바위 얼굴 | 87
슬픈 육체 | 88
정원 | 90

5부

노래하는 매화나무 | 95
시간은 이어 달린다 | 96
아침 기도 | 97
운기칠삼 원조 순 꽁보리밥 | 98
나는 지금이 | 99
세한송歲寒松 | 100
고모가 왔다 | 101
어머니, 어머니 | 102
아버지의 길 | 103
오십견 | 104
내 아가야 | 105
우리집 쌀밥 | 106
절뚝절뚝 가는 봄날 | 107
어떤 모성母性 | 108
해설 | 햇살에 빛나던 부활의 순간 | 이숭원 | 109

1부

황금 사리 舍利

간호사가 비닐에 담아
나에게 넘겨준 황금빛 보철
공손히 받았다

나와 함께 살아 준
이 금속을
집에 돌아와
연필통에 봉안했다

고맙다
내 사리를 내가
봉안하다니

그날 밤
황금빛 별이
하늘로 올라가는
꿈을 꾸었다

두 개의 길

　스페인 도토리숲 속에서 자란 검정 돼지 뒷다리를 한 삼년 숙성시키면 식도락가들이 열광하는 하몽으로 다시 탄생한다 분홍빛 저 살결의 끝없는 유혹, 그러나 짬밥 먹은 우리나라 돼지들은 비닐봉지에 담겨 삼겹살로 팔린다 그 중에는 신전의 공물供物로 염화미소拈華微笑가 되어 대중의 절을 받기도 하니 세상은 이래서 더불어 살만한 것인가 돼지에게도 두 개의 삶과 두 개의 길이 있다

젖은 신발은 돌아가지 못한다

다뉴브강이
오늘도 비에 젖네
가족 곁을 못 떠나는
작은 신발도 큰 신발 곁에서
비에 젖네
옛날의 그 강물은
돌아오지 않고
새 강물만 흘러가네
비에 젖는 영혼들
잔물결에
흘러가네
녹슨 시간이여
어서 가거라
가서 돌아오지 말거라
다뉴브강이
오늘도 비에 젖네

마스크

군더더기 다 빼고
뼈대만으로 짧고 선명하게 그린 만화
그 만화를 다시 살 붙이고
색칠하고 노래를 더하여 만든 영화가 대박 났다

초미세먼지 대박이라고 마스크 잔뜩 만든 사람
미세먼지 잠잠해지자 부도 위기로 마스크 뒤에 숨었고
코로나19 바이러스 특수로 마스크 대박 다시 나서
한 달 만에 빌딩을 샀다

만화경 속 파노라마, 만화로 실현된 꿈
비결은 자랑이 되고 부러움이 되고
침은 튀어 만화를 적시게 되니
마스크를 써야 할 또 다른 이유

긍정의 굴레

나의 목주름은
반복적 습관의 흔적

흔적은 굵은 주름 하나
가는 주름 하나

굵은 것은 필시 한 가지 사실에는
계속 고개 숙여왔기 때문일 터

가는 것은 더 굵어지더라도
겹 주름이 생기더라도 더
고개 숙이어 감사하고
사랑하며 살라는 뜻

목에 건 실 목걸이
햇살에 반짝이다

판토마임

마스크를 쓰고 바라 본 세상도
마스크를 안 쓰고 바라 본 세상도

마스크를 쓰고 있다

하늘은 우주의 마스크
빙하는 지구의 마스크

사람들이 모두
마스크를 쓰고 있다

전철에서 버스에서
광화문에서 국회에서

철지난 연극 포스터처럼
말없이 펄럭이는 것이 있다

기차와 황소

기차는 고향 떠나는 이들을
무던히도 도시로 싣고 갔다

낯익은 소년이 황소를 향해
차장 밖으로 손을 흔든다

소나무를 사이에 두고
황소가 물끄러미 바라본다

그래그래, 잘가그라

잔등엔 소년 대신
동무하러 날아온
말잠자리 한 마리

그물

눈[目]의 그물은 촘촘하여 상像을 모두 잡을 수 있고
티끌 하나도 받아들이지 못하여 눈물로 밀어 내고

무던한 위胃는 뭐든 다 삼켜 녹이고 녹여 소화해 내고
밤새 타협이 안 되는 지독한 것은 토해 버리고 살면서

마음 그물은 그 무슨 한이 있어서
나만 다 밀어 내는지

숲

가끔씩 딱따구리 찾아와
외로운 신갈나무 어깨 두드리다 가고

밤이면 얇은 잎사귀 위에서
오색호랑나비
잠자다가 간다

어딘들 아픔이야 없으랴
때로는 수렁처럼 깊은 슬픔도
숲에 오면 금방 초록빛이다

서로의 안부를 전하며
오늘도 나무는 나무끼리
숲을 이루고 산다

저 단색單色!

보드카를 마시며
로스케 노래를 흥얼거리며

자본론을 이야기 한다
자본론 어디에도 빛깔이 없지만

누구는 빨간색이라 하고
또 누구는 핏빛이라고 한다

나는 빨강도 싫고 핏빛도 싫지만
무게도 없고 빛깔도 없는

저 깨끗한 단색單色!
보드카를 좋아 한다

코로 만나다

구린내 나는 사람 향기로운 사람
다 구분해 내는 이것이 없었더라면
숨도 제대로 못 쉬고 살았을 거야

콧등으로 다른 콧등을 부빌 때
느껴지는 뜨거운 숨결의 맛
단번에 좋은 사람인 줄 알았지

영역 넘어 킁킁거리던 사람은
큰코다쳐도 크게 다쳤지
작은 코로도 충분히 들숨 날숨 쉬는 자
코다칠 일, 평생 없을 것

언제나 새록새록
배냇저고리 냄새의 기억
잊지 못하지

뜨거운 심장으로

텃밭 한 모퉁이
병아리들 지렁이 놓고
물고 당기기 한창이다

순간 큰 원 그리던
솔개가 지상으로
돌진하자

어디선가
어미 닭 쏜살처럼 나타나
뜨거운 심장으로
새끼들 품어 앉는다

오늘도 솔개가
물고 가는 것은
허기였다

긴긴 봄날,

완주

벌써 60년 전 시위를 떠나
과녁을 향해 직진하는 나는
여기쯤에서부터
되돌아도 보고 곁눈질도 해도 되겠다
꽂히면 소멸되어 되돌아올 수 없는 거기까지

쏘아놓고 먼저 가신 그분들은
이제 걱정 안하셔도 되겠다
제동도 가속도 필요 없이
만면에 웃음 짓고
활공을 즐기는 이 모습을 보면

나비의 길

좌도 태극기
우도 태극기

펄럭이는 물결
잡은 손 위에,

네 편도 내편도
아슬아슬

보란 듯이
나비 한 마리

수평을 유지하며
인간 세상
건너가네

2부

소실점과 관련하여

점 안으로
들어가는

깨끗한
나의 소멸

여전히
우주는 광대한
실존이자

지금 누가
무엇이
되고 있는가

시간 밖으로
사라지는

점 하나
나 하나,

달에서 가져온 빵

 달의 뒷면에는 무엇이 있나 계수나무가 있고 절구질하는 토끼가 있을 거라고 소년 시절부터 익히 들어왔지만 정말 그럴 것이라고 믿는 사람은 아무도 없다 중국도 위성을 날려 달의 뒷면을 살펴보았다는데 무엇을 보았을까 나는 어느 날 정말 달의 뒷면이 궁금하여 베개를 타고 날아가 보지 않을 수 없는 것이다

 아무것도 보이지 않았다 그러나 눈을 오래오래 감았다가 떠 보니 이런, 말도 안 되는 일이 벌어지고 있었다 지구의 쓰레기비닐들이 산을 이루고 있었고 그 쓰레기 더미를 해체하여 분쇄하는 작업을 토끼 같은 것들이 하고 있는지 바쁘게 돌아다니고 있었다 분쇄된 것들은 다시 제분 작업을 하는지 그것까지는 알 수 없었다 돌아오는 길에 달의 얼굴을 보니 흰 밀가루 같은 것들이 쌓여 있고 햇살이 반죽하여 즐겁게 빵을 굽고 있었다

 달에서 가져 온 빵으로 아침 식사를 대신할 생각이다

데깔코마니의 오점汚點

살아온 시간의 반이 남은 시간
반으로 접어 보면 지난 시간이 짧고
남은 시간은 아직 여유롭다
접은 시간에 대칭이 안 되면 어떠랴,
지난 시간 속 후회와 부끄러움
남은 시간 내내 지우리라
나비의 날개 접었다 펴기
물음표 풀었다가 되감기
해마다 멈추지 않는 한
그런 오점 하나쯤 남겨도 좋으리

우주 오아시스

토성을 배경으로 그 뒤의 푸른 점,
지구가 보이는 사진을
우주탐사선 카시니호가 보내왔다

그 점 속에서 토성의 소식을
어떤 사람들은 모니터로 계속 지켜보고
또 어떤 이들은 다 못 보고 죽었다
13년 동안 관찰하던 그 우주선은 거기에 묻혔고
지구의 선장들은 묘비명을 써 주었다

떠난 모든 것들은
일단 그렇게 가고 있어라
그 가는 길에
도덕이 필요 없는
신선 같은 그 무엇이 있을지도 모를 일이다

유토피아를 찾는 것은 아니고
지구별에서 흔한

마중물 한 잔 들고 우리는 우주로
물이라는 것을 필요로 하는
미아를 찾아간다

알몸 우화羽化

밥과 하늘이 있다 하여 갔으나
핀셋으로 잡혀 강제 송출된 나비들

아직 때가 아니라는데 이쪽저쪽
아무 소용도 없는 날개 벗었고

덜 삭은 상엿집 그대로 있어
알몸으로 또 숨어 살아지겠지

질긴 3.8선
고무줄놀이

시간의 매듭

시간의 먼지가 골목 모퉁이에 모여 수런대고
마른가지에도 화석에도 잔뜩 쌓여있다

주름과 각질에 더 많이 모이고
파고다 공원 노인네들 모인 곳으로 먼저
찾아가는 줄만 알았는데

신생아실, 햇살에도 가고
너무 기쁠 때는 매듭을 묶어 놓고 가기도 한다

매듭은 많을수록 가슴이 부풀어 올라
사과처럼 붉은 웃음이 팽팽하다

그 첫 사랑
시간이 머무는 기억의 서랍장 열면
새벽 감꽃 풋내가 아직도 파랗다

하늘 나그네

초승달은 자꾸 채우며 가고
보름달은 계속 버리며 갑니다

비우고 비워 깜깜해지고
채우고 채워 환해집니다

버리는 데에 반 달
채우는 데에 반 달

자세를 바꾸어 가면서
구름이 다가가 살펴봅니다

하늘 길 밤 나그네
못 본 척 지구를 돌아갑니다

파종

남극은 아문센
북극은 피어리

최초로 극지방 탐험에 성공한 사람들
그들은 빙하 위에 깃발을 심었다는데

얼음 없어도 냉기 가득한
부족해도 온정 넘치는
그런 신천지를 만났을 때
나는 깃발 대신 시를 심으리

내 시의 씨앗이
훗날 어떻게 자라 펄럭일지

그것까지
생각진 않겠네

28분과 29분의 차이

맥그리거와 메이웨더의 이종경기에
관심 있는 지구인들이 시선을 모았다

슈퍼웰터급(69.85kg), 70이 안 되는 무게
두 사람 나이도 합해서 69세, 70이 안 된다

6,760억 원의 수입으로 두 사람에게 3,450억 원을 주고
3,310억 원을 다 가져가기 미안했는지 10억 원 상당
벨트를 승자 메이웨더에게 주었다

이틀 뒤 새벽 지구촌 한 나라에서는
관심 없는 사람들의 돈으로 미사일을 쏘았다

관심 있는 사람들은 미사일이 날아가는
시간을 지켜보고 궤적을 계산했다

이종경기 1,685초보다 55초 더 긴 시간이었다
아 그것은 28분과 29분의 차이,

〈
역시 사람들은 소곤거렸으나
벨트는 아무도 만들지 않았다

한국전쟁 난 지 70년이 안 된 시점
역사는 떨고 있다

때로는

왕잠자리 애벌레가 올챙이 잡아먹으며 살았고
풀꽃 위에 앉은 잠자리를 개구리가 먹고 사네
물속에서는 내가 왕, 물 밖에서는 네가 왕
잡히지 않고 살아있어야 왕이 된다는 걸 때로는
서로 웃으며 참담하게 아네

웃음만 믿고

말없는 식물에서 몰핀을 만들었고
말 못하는 뇌가 엔돌핀을 만들게 했어

고통을 줄여주는 특효약
엘돌핀과 몰핀이 신경세포 속에 선점하면
고통이라는 감각이 차단되는 것

아프지 말라고
마음이 기뻐야만 생성되는 엔돌핀 효과
지속하려면 계속 즐거워야 해

웃기만 하면 만들어진다니까
아픔의 끝이 보여
추위도 그냥 보여

그래도 허허,
헛웃음은 웃음이 아니지 허허
진짜 웃어야 웃음이라고

감포甘浦 해변

밀어붙이는 것은 너의 의지
밀리지 않으려는 것은 내 의지

너는 그저 물이고
나는 단지 돌일 뿐

거품 만드는 파도
소리 내는 돌이라 불러라

행인들은
번갈아 그 발길 이어가고

통일을 이루고도 걱정인
왕의 주문 소리 끝없다

경계를 넘어

전깃줄에 줄지어 앉은 참새 떼
다가갈 때는 조잘거리기만 하더니

사진 찍으려 초점을 맞추니까
매듭 풀리듯 흩어져 버린다

스치는 걸음엔 미련 없고
인연 맺으려는 수작에는
어림도 없다고 이구동성
이파리들도 들썩 댄다

저만큼 두고픈 경계를 덮으려고
노을이 먼저 깜깜해진다

점點의 힘

'시선'에서
점 하나 지우면
더 이상 바라볼 수 없는
'시신'이 된다.

점 하나의 위대함,
점 하나의
뜨거움,

매양 봄이 되면
허공을 들어 올리는 것은
거대한 힘이 아니라
씨앗이라는 이름의
작은 점……,

세상의
모든 것은
점으로부터 시작이었다.

〈

오늘도 씨앗 한 점 주어

땅에 꾹꾹

눌러 심는다……

3부

혀가 말한다

  혀가 짧은 뱀, 혀가 긴 카멜레온, 부리 밖으론 한 번도 혀를 내밀어 본 적 없는 새들은 먹이를 한 입에 하나씩만 삼킨다. 사람은 한 끼 먹는 국수에 멸치 수 십 마리 우린 물이 필요하고 밥 한 숟가락에 올리는 수 십 개 알곡들. 적자생존이라고? 오늘도 인간은 작은 혀로 달콤한 거짓말을 팝콘처럼 쏟아냈다.

밥값

쇳덩이는 기차가 되어
사람을 실어 나르고
소는 육체가 있어 쟁기질을 한다
쇳덩이가 육체가 될 수 없고
소가 쇳덩이가 될 수 없듯이
학의 다리는 긴 것으로서
존재의 가치가 있고
뱁새는 짧은 다리로
존재의 이유가 있다
알고 보면 지난여름 광화문에 모인
수많은 사람들도
서로 밥값은 계산 안하고
더 많은 밥을 달라고 아우성친 것과
특별히 다른 것이 없어 보였다

길조吉兆

돼지하고 함께 초원에서 발견한 구슬은
날개도 없이 날던 용이 구름위에서 떨어뜨린 것

나라님이 나타나서 국가의 평화를 위한 기도에 필요하다고 그거를 수습해 갔는데- 이건 여의주이고 세상이 더 좋아질 거라고 하여 저도 모르게 그만 볼이 살짝 달아오르고 빗방울이 후드득 떨어진다 했더니

강아지가 코를 간지럽게 하여 깨운 봄날의 꿈

꿈이라도 이런 귀한 꿈이 어디 있냐고
로또복권 사러 뛰어 나가는 담 아래 핀 영산홍
오늘은 왜 이리 더 붉으냐 붉으냐 한다

무한 포용

발아래 지구를 두고 하늘 우러러 올라가면 창공 10의 4승 미터 거리에서 도시의 모습이 손바닥만 하고, 달도 태양도 다 지나 10의 25승 미터 거리에서 보면 은하계가 마치 엉겨 붙은 먼지 같고 우주가 한 줌 티끌이라 하네

지구를 밟은 내 몸 속 세포 하나 확대하고 또 확대하며 들여다보면 10의 마이너스 6승 미터에서 세포의 핵을 만나고 10의 마이너스 7승 미터에서 DNA를 만나게 된다는 거지 아, 원자간 거리가 그리 먼데서도 나의 가장 작은 증거를 발견할 수 있다는데, 우주 상공에서 보아도 세포 깊숙이에서 보아도 나는 티끌이라는데, 발붙인 여기가 우주이듯 나 또한 한 큰 우주 아니겠는가

티끌을 사랑하면 안 되나,
세상 다 포용하면 그 또 무슨 문제인가,

절기節氣들이 진을 치다

더운 공기는 위로 가고 찬 공기는 아래로 가고 그래서 대류라는 말인데

땅에 떨어진 폐지를 줍고 갈라진 밭을 호미로 뒤엎어 주던 낮은 곳을 의지해서 살던 사람들이 더위를 먹고 그 먹은 열기 내뱉지 못하고 쓰러져 실려 간 병원에서 의사도 놀라서 전신이 달궈져 흡사 몸에서 연기가 날 것 같은 사람들이라고 하였지 선풍기도 못 돌리는 사람들은 몸에 불이 나고 에어컨 심하게 돌린 이는 집에도 불이 났는데 설렁설렁 부채바람으로도 살아온 옛사람들 다 어디 가고 난리가 났다고, 지구가 불탄다고 소리 소리들 요란해, 모두 과過라는 괴물이 남긴 일들이잖아, 과밀도 과부하 과열 과로 과음 과식 과체중 과실치사 과잉 충성, 과유불급過猶不及이지 하지만 이거 너무 지나친 거 아닌가, 늘 새롭게 뜨는 해, 늘 중천을 지나는 해를 원망하는데 해도 해도 정말 너무 하네요 하지만 다르게 해 볼 방도가 없는 것은 아니지 당연히 있지, 씨앗 심어 묘종 키우고 나무를 심고 또 심고 걷고 또 걸으며 기다려야지, 입추立秋에는 실패했다고

하지만 그 다음 첩첩산중 저 장막을 봐라 냉각 전문 절기들, 처서 백로 한로 상강도 입동도 줄지어 대기하여 그 불덩이를 기어코 식히고 말겠다는데 어디 베길 재간이 있겠는가,

   열대야 이놈, 너도 이제 끝이야, 끝.

빈 족적足跡

오실 때 맨발
가실 때 삼베신발

그거 하나는 사양 못하시고
신고 가셨지

굳은 살 무디도록
다닌 많은 길 위에

허공의 새처럼
발자국 하나도 없이

빈 가슴 속 대를 이을
그리움만 남기시고

화병 가라앉다

전기료는 모두 후불이라는 사실도
모르고 전기곤로의 열선이 먼저 벌겋게 익은
빛으로 항거하는 힘줄 앞에
냄비 속 수증기는 탈출의 발버둥이다

끓는 속으로 200년을 달린 증기기관차의
화를 받아 주느라 철로는
두 다리를 나란히 벌리고 지금도 누웠고
침목枕木이 레일 아래에서 그 화를 받아 주면
침목 아래 땅은 모든 화를 다 받아 주는데

바람개비야, 바람개비야
네가 화를 못 참고 미친 듯이 돌며 만든 전기로
세상은 폭염 속
모든 열을 받고 있으나

푸른 형광등 아래
어머니는 고요한 기도를 하고

곤히 자는 아기의 열을 내려주느라

선풍기가 주변을 둘러보며 조심스레 도는
밤이 또 있나니,

문상問喪
― 이득호 가족 애사哀事

지인이 상을 당하여 가슴 아프다는 소리 듣고 문상 갔는데 상가에는 방명록은커녕 조화 하나 없다 조문객도 나뿐 어째 없는 것이 그리 많은지 조의금도 안 받겠다 장지도 안 알려주어 그냥 상주에게 술만 한 잔 따라 주었다

화장비용은 생의 마지막 무게에 맞추어 받더라는 것, 예를 갖추어 화장을 하는 진지한 집행인이 있더라는 것, 곡을 해주는 자손도 없어서 핑 도는 눈물 손으로 닦았다는 것, 귀가하면 집에서 홀로 지내다가 반가워서 펄쩍펄쩍 뛰며 반기던 그 아이가, 그 아이가 떠나가 버려, 허전한 마음 끝없고 다시는, 다시는 키우지 않겠다는 반려견 달이, 달 뜨는 날 왔다고 지은 그 이름, 10년하고 이틀 동안 함께 했으므로 행복했다고, 이젠, 외로움, 기다림, 다 잊고 잘 가라는 조사弔詞,

보름달 아래 종종종 그 걸음소리, 볼을 타고 흐르는 반가운 울음소리, 행인도 따라 듣던 그 아이 이제 없네

정치政治를 입에 물면

다수의 행복을 위하여
밤잠 설치며 어려운 사람 소외된 사람
살리려고 발버둥치는 사람이 자신들이라고

그 정치라는 것 일단 입에 한번 물면
동민도 모르고 동네도 모르던 사람들이
국민 여러분이 보이고 위태한 조국이 보이는 것이라

시야도 넓어져서 먼 곳도 잘 보이고
큰물도 볼 줄 알기에 기를 뚫듯 수로를 다시 뚫고
앞사람이 한 것은 모두 잘못한 것임을
참 용하게도 찾아내고

정치라는 글자 하나를 두고 서로 정釘 치고 박고 하는데
바르게 다스리지 못하고 거꾸로 물어 치정으로 될 바에는
더 세게 물어 ㅊ 위 점 하나 뜯어내
정치가 정지가 되도록 제발 이제는,

모두 동작 그만!

뻔한 뻔뻔론論

까딱했으면 죽을 뻔
잘못됐으면 잃을 뻔
깜빡 잊을 뻔

죄 지었으면 벌 받을 것이 뻔한데
모르쇠 얼굴 하면 뻔뻔하지

뻔은 반대의 예상 결과가 투명하고
뻔뻔하면 반대의 예상 결과가 불투명해

뻔 자字에 익숙하게 살아왔으니
뻔뻔한 것에는 여전히 어색해

뻥! 이요

뻔한 이야기 뻔뻔하게
오늘 또 할 뻔

합석의 부조리

여물 솥에서 삶은
콩은 사람이 먹고
콩깍지만 외양간의 소에게 주었는데

레스토랑에서 식사를 하는데
콩을 안 뺀 콩깍지도
쇠고기도 함께 나왔는데

콩하고 소는
합석하면 안 되는 것이었는데
중간에 사람이 끼면 안 되는 것이었는데,

없다면

해가 없다면
전기가 없다면
물이 없다면
공기가 없다면

어둡고 금방 꽁꽁 얼겠지 썩고 멀고 암울하겠지 갈증 나서 못 견디겠지 숨 쉬는 모든 것들이 기도가 막혀 졸도하겠지,

등대가 없다면 네가 없다면 절망이 없다면 이별만 없다면, 밤 새 밤 새 헤맬 테지 금방 나는 시들 테지 모두모두 희망일 테지 아아, 나는 계속 여기 웃으며 살고 있을 테지

신 윤리장전

바늘 도둑은 도둑도 아니야
재봉틀 도둑도 도둑 아니야
실〔絲〕만 안 가져갔으면 도둑 아니야

낯 두꺼우면 무죄 우겨도 무죄
내 편이 더 많으면 무죄
연기가 나도 굴뚝 못 찾으면 무죄야

네가 나 닮았으면
내가 너처럼 했으면
우리는 공통 무죄야,

교도소는 무죄 확증하는 곳
적폐라고 몰고 가면
만사형통

개가 꾸는 꿈

이루지 못할 꿈이 개꿈이라? 그 개꿈 꾸어보자 그럼,

내 팔뚝에 줄 묶어 끌고 다니며 구경시켜 주느라 신이 난 개, 소변이 마려워 사람을 망 세워 놓고는 뒷다리 번쩍 든 채 나무에 쉬를 본 후, 새 옷 자랑하러 나온 친구 개에게 그 옷 장히 잘 어울린다고 꼬리 흔들며 칭찬까지 해 주는 품새에 오지랖도 너르구나. 모르는 것 너무 많고 느려터져 답답한, 풀과 꽃과 나무들이 내뿜는 향기 구분도 제대로 못하는 게 인간이라며 목줄 채워 끌며 찌딱뻐딱 앞서 가더니 신문지 덮고 누워 그르렁그르렁 숨소리 술구린내 풍기는 노숙자가 한심스러운지 오늘은 그만 놀자며 집으로 가더니 내 팔목의 줄을 풀어 주며 몸을 씻겨 달라 한다. 아니꼽고 황당해도 어쩔거나. 비누질 박박 빗질 살랑살랑 하여 헤어드라이로 털까지 말려 주니 그제야 시원한지 멍멍멍 나를 쳐다보며 개팔자 상팔자라 누울 곳이야 누에고치처럼 내 몸 감쌀 이 한 공간이면 정승판서 안 부럽지 멍, 사람은 볼 맞대고 붙어 사는 재미도 몰라 멍멍 거 뭐냐, 새벽 배달하는 신선한 아침밥 미리 주문해 두고, 마스크 챙

겼느냐, 문단속 잘하고 스마트폰 그만 좀 보고, 제발 좀 척
척 알아서 잘해라 나 잔다, 불 꺼, 멍청한 인간아 멍멍

  사람을 보면 개의 꿈은 실현된다

4부

연두는 희망이다

마른 잎 몇 장
땅위에 엎드렸다가 사그라지더니

그게 마중을 간 것이구나
문패도 없는 거길 용케도 찾아

떡잎을 데리고 왔네
공손하게 모시네

여기
또 저기에서도
받드는 희망

차이나타운을 걸어가는 여인

남은 엄지발가락과 발뒤꿈치 뼈대만으로
차이나타운을 걸어가는 여인

사랑받음이 천형天刑 같아서 웃음 뒤에
숨은 물기를 닦아도 금방 다시 젖었다

여인을 분재 만들어 완성할 수 있다고
전족纏足을 유행시킨 그들은 어디로 갔나,

절대 넘어질 수 없어서
오뚝이 걸음으로 흔들흔들

어금니 앙다물고 대륙의 뒤안길을
못다 지운 시간의 그림자 눕히러 간다

그림자의 뿌리

안 보이던 산 그림자
호수에 들어가 스스로
물구나무 서 있다,

수면보다 높은 데 앉으니
그 그림자
유화처럼 선이 굵다

거꾸로 선 것들
인화印畵하면 안다,
그림자의 뿌리가 얼마나 깊은가를

너무 깊어
바로 서지 못함을

알함브라 야생화

젖은 눈동자 까맣게 반짝이며 들려준
알함브라 궁전 앞에 핀 야생화 이야기
전설처럼 어제와 오늘 속으로 들어가
수십 년이 꽃말 속으로 저장되었어요

작은 언덕 하나 지나면 줄곧 내리막길인데
느린 걸음 떨림 없이 가다가 가다가
거기 낮은 곳의 궁전 채 못가서

그 이름 잊고 나의 이름 잊는
그런 날이 온다면 파수꾼이 졸음 쫓듯
두 눈이 뻑뻑해지도록 비빌 겁니다.
뜬눈으로도 못 보면 차라리
눈 감고나 봐야지요

앞으로의 많은 나날
그게 충분히 긴 것인지,
자주 손가락 접어보네요

〈
아침부터 귓가에 쟁한
그 야생화 꽃잎 피는 소리,

접고 있는 시간 속에
뼈처럼 잡힐 듯 잡힐 듯하네요

모차르트의 시간

시간을 잘라 그 악보에 가두어 두고
악보 위의 모든 음표들에게 그가 이른다

내게 선택받은 너희들, 각자에게 고유의 길이로 시간이 주어져 있고 모양에 따라서 그 시간의 길이가 다르게 부여되었다 온 박자를 기준으로 반으로 나눈 것도 있고 그 반의 반, 다시 반으로도 정확히 나누어져 있고 모두에게 주어진 그 시간이 짧은 것일 수도 긴 것일 수도 있으나 모양에 따른 차이가 있을 뿐, 같은 모양에게는 똑 같은 시간이 주어졌지, 그러니 생긴 모습대로만 살라

오선지 악보에 오르면 그 위치에 따라 저음이냐 고음이냐 역할이 주어지네, 경우에 따라서 소리를 강하게 할 것인가, 약하게 할 것인가 임무가 주어지네, 그러나 그건 너희들이 직접 하는 것이 아니네, 인간들이 할 일이지,

인간들은 색계에 음계에 사는
너희들을 읽으려 할 것이니

〈

읽으려 한다면 제대로 보여 주어라
너희들은 그저 태어난 그 몸새로
악단들이 연주를 하게 하면 된다.

지휘자라는 사람 악기를 든 악사라는 사람 고운 목소리로 노래하는 사람, 춤을 추는 사람이 있고, 그들은 모두 악보 위의 너희들을 유심히 바라볼 것이네, 그 건너편에는 훨씬 더 많은 사람들이 너희들이 어떻게 읽히고 있는지를 지켜볼 것이며, 웃기도 하고 울기도 하고, 하품도 하고 토막잠을 자는 사람들도 간혹 있을 것이네만 전반적으로는 감동으로 술렁일 것이네

원하면 온몸을 다 보여주어라 연주자들이 제각기 다른 악기를 들고 오더라도 그 자리에서 있는 그대로 보여주면 되네 각자 정해진 위치는 절대 벗어날 수가 없네

그 누군가가 내가 만든 악보를 보고서 너희들 몇을 옮기려 하다가 악보를 던지고 말았다는 소리도 들었어. 적재

적소에 잘 자리매김해 준 너희들을 임의대로 옮기어 보았으나 불협화음만 나오더라는 것, 내가 피로 혼으로 정해준 그 위치를 그 누가 옮길 수 있겠느냐,

이 노래, 이 악보, 바로 이 세상에 모인 너희들은 여기가 삶의 터전이고 종착지이다. 내가 만든 울타리 안에서만 살라, 영생을 얻으리라.

아바타를 만들어 재생될 수는 있으리라, 음색이 달라도 되지만 뼈대를 건드릴 수는 없지, 그건 더 이상 너희들이 아니지, 복제된 아바타 악보로도 이어지는 재생성, 전염성, 영생들―
음악의 골수를 모아 남긴 것이라 그 향기 오래 가지 않겠는가

시인들도 더러 기웃거리겠지 악보 찢어 버리듯 파지도 쌓이겠지 피눈물 나겠지 나에 대한 시를 쓴다는 것도 말할 수 없는 일, 내 악보에 맞춰 노래하는 것도 막을 수 없는

일, 제 곡조 못 잡아 우는 시인이 있어도 어쩔 수 없는 일

  벽에 붙여둔 악보가 춤을 추네
  피가로가 또 결혼하네
  모차르트 없이 잘도

1.05[*]

30년 전 예견된 신생아 출산율 감소
10년 뒤부터 이 나라 인구가 줄어든다고
내가 살아 있어도 준다는데

이대로 가만있기만 하는 것이 할 도리인지
이래 놓고 남자라는 소리나 들을 수 있는지
난해하구만,

말 한 마디, 손가락 까닥 잘 못 놀렸다가는
미투(me too)로 몰릴 판이라서

일단 서울을 떠나라는 조언도 못하게 되었고
동냥보다 못한 푼돈보다는
탁아소가 더 절박하다는 의견도 낼 필요가 없으니

그냥 때 맞춰 내 나이나 꾸역꾸역 챙기는 늙은
수컷이 되어가는 것이다

[*] 2018년 현재 한국의 출산율

고고학적 상상력

 한 자 크기의 꿀샘을 가진 꽃을 발견한 고대 생물학자는 입 길이가 한 자 되는 또 다른 생명도 존재할 거라는 확신을 굽히지 않았다. 이러한 주장은 그가 죽고 나서 다음 탐험가에 의해 사실로 확인 되었다. 영국 장미 데이비드 오스틴을 보면 뒤끝이 향기로운 자메이카 커피 냄새와 앵무새를 사랑한 죽은 여인의 흑백사진과 읽다 접어둔 제임스 조이스의 소설과 인도 가정부 방에서 방금 태어난 신생아 울음소리가 들리곤 했다.

춘하추동 팥 동산

　세상에 하루 중 밤과 낮의 길이가 똑 같은 날이 일 년에 두 번씩이나 있음을 어떻게 알았을까 낮의 길이가 가장 긴 날이 하지고 밤의 길이가 가장 긴 날이 동지임을 또 어떻게 알았을까,

　할머니가 동짓날에는 액을 막는다고 팥죽을 쑤어 담벼락에 뿌렸기에 긴 긴 밤 도깨비는 나타나지 못했지 안 그랬으면 한밤중 화장실은 영영 못 갔겠지 하지 무렵 심은 팥은 날마다 붉어졌지 열을 받은 것이겠지 마늘처럼 서늘할 때 안 심어 준 것도 때로는 원망도 했지, 그래도 팥은 한 겨울 단팥죽이 되어 차가운 속을 데워주고 여름에는 팥빙수가 되어 열이 나는 속을 식혀주었어 그리고 생일인 사람 본인에게는 일 년에 한번이라 하겠지만 어느 누구 생일에도 찹쌀 속에 섞여 찰밥이 되어 탄생을 축하해주었어, 표리부동하지 않아 삶아 우려내도 붉다니까, 콩알만 하다고 놀려봐 그런 것은 개의치 않아 팥이 친구들 다 불러서 바닥에 쫙 깔아놓으면 킹콩도 쓰러뜨릴 수 있어, 그러면 그 유명한 영화도 실패작이 되었겠지,

〈

　달구어진 그 붉은 마음 쉬 식을 것 같으냐, 콩하고 같이 놀아도 절대로 콩이 되지는 않아

어느 봄바다 활동성 어류에 대한 보고서

 누구라 묻지 않고 우리는 둘러 앉아 그랬었다 쟁반에 받쳐 나온 정갈한 바다의 크기에 대해 이야기하며 가끔씩 펄떡대는 생존의 소리를 들으며 그날의 조간신문 기사를 질겅질겅 씹어 삼키기도 했다 살은 살대로 뼈는 뼈대로 발라 먹고, 우려먹고 남은 것은 수북한 식욕의 찌꺼기, 우리에게 필요한 것은 기실 더 맵고, 더 짜고, 더 얼큰한 부재료들이었다. 이렇게 조문도 끝나기 전 부드러운 곡선으로 바다를 누비고 다녔을 감성돔의 아득한 생애가 적나라하게 들어난 것이다

> 크기 : 두자 반, 주소: 남해 봄바다,
> 제목: 무제, 낚은 이: 모 씨, 날짜: 모월 모일

 이젠 돌아와 백지 위에 누운 영혼의 가벼움, 우리는 다시 낚싯바늘에 끌려온 그날 수평선의 무게를 가늠해보는 것이다 비 젖은 햇빛에 반짝이는 수평선, 갈매기가 물고 간, 매일매일 옷을 벗는 수평선 너머로 화려한 먹물들의 부활, 뼈가 없어도 살이 없어도 짜릿했던 순간을 기념하듯

빈 위장에는 파도가 오늘도 출렁였다

점멸漸滅, 또는 적멸寂滅

진신 사리를 모신 다솔사 앞
고사목이 된 그 삼나무

살며 감아왔던 나이테 몽땅 빼어 버리고
껍질만으로도 한 채 탑을 쌓았네

호기심이 동하여 나무 안으로 들어갔다 나온
시인의 얼굴에 홍조가 가득한 것은

꼭대기 뚫린 구멍으로 들어오는 한 줌 하늘을
검은 세월의 여백에 찍은 낙관으로 본 것일까

사리는 바위에 싸여도 울림은 크고
고목은 막힘없이 속을 비울 때 공空에 닿는 것
비워야 숨찬 것들 찾아와 기대고 탑돌일 하지

바람에 번져가는 솔향기
탑을 싸고 돈다

검劍

검은 맞대고
겨뤄야 검이다

검의 기본은
중심선 선점과
거리 확보

틈만 보이면 즉각
타격을 가할 것,

베이면 베이리라
언제나 극적이다

매일 살고
매일 죽는

고독한
검투사처럼

중심에 서서
묵언으로 맞선다

단 한 번의 섬광에
단 한 번의 생을 거는

허공에는
한 개의
검이 있다

큰 바위 얼굴

 네 명의 전직 미국대통령 얼굴 조각상은 건국과 성장과 발전과 보존에 힘쓴 공로를 기린다는데, 사람이 그 콧구멍 속에 앉아 세상을 내려다 봐도 될 만한 거대 두상은 15년이 걸려 만들어졌다는데, 그 인물들에 대해, 선정한 군중들이 세상을 다 떠난 지금까지 아무도 다른 의견을 내지 않았다는데, 잣대를 바꾸어 그 얼굴 짓뭉개고 새 얼굴 만들려는 몽상은 영화에서나 있었다는데, 영화를 보고 나온 군중들이 '만년에 1인치도 변화 안 되는 화강암 조각품을 감히'라 했고, 할 일이 태산인 일개미들은 두어 번 턱을 들어 끄덕이고는 팽하니 일터로 가기 바빴다

슬픈 육체
―앨버트로스는 무겁다

대서양 건너가는
앨버트로스

긴 날개에
물갈퀴 발

참새는
고 작은 날개로

대서양
태평양 건너

파리 카페
되 마고에 터 잡았네

지금도 날아가는
앨버트로스

〈
슬픈 육체여

정원

채송화는 맨 땅바닥에서 자란다
봉선화는 그보다 위에서
장미넝쿨은 키 큰 해바라기를 뛰어넘으려고
능소화보다 더 높이 올라간다

하늘에서 보면 고르고 모두 고만고만하지만
빛깔과 모양이 각각 다르다
서로 꿈이 다른 사람들이
한 데 모여 살아가는 가족들이
피어나는 꽃처럼 환하다

꽃마다 종이 달려 있다
밤이면 꽃잎에 이슬이 맺힌다
일을 끝내고 돌아온 아버지처럼
정원이 휘청거릴 만큼
밤하늘 은하수가 반짝거린다

〈
남들보다 일찍 일어나
새벽을 여는 가족들이
가슴에 초롱등불 같은 불을 켜들고
희미한 꿈을 찾아 나선다

개나리는 산수유보다 먼저
새벽종을 울린다
서로 늦지 않으려고 다투면서
정성들여 꽃을 가꾸어놓은 정원에는
가족들의 웃음소리가 가득하다

5부

노래하는 매화나무

비에 젖은 매화꽃
연분홍 꽃비 마중물 되어 땅속으로 스며들면
모시 망토 접어 절창할 가슴 달아올라 거사 준비하려고요

잡초 다 뽑아 버리겠다고 그 나무까지 뽑아버린다면
나는 무엇을 타고 올라가서 우화羽化를 하나요

100살에도 꽃 피워 일생이 청춘인데 더불어
뿌리를 잡고 기다린 수많은 날은 어디서 찾아야 하나요

꽃가지 없이 피워야 할 노래라면
영원히 땅 속에 묻고나 말지요

시간은 이어 달린다

아버지가 혼자 쓰셨고
아버지와 함께 쓰다가 남은
시간을 혼자 쓰다가 이제는
아들과 함께 쓰고 그
남은 시간을 아들이 남겨 또
그 아들의 아들과 함께 쓰고

시간은 자꾸 자라고
시간의 죽순 끝에 앉은 사람들은
허공으로 가고 그
시간의 뿌리에서 자라난 후예들 모두
급행열차를 타고
밤낮없이 오지

아버지 용돈 봉투처럼 얇아도
시간의 자투리를 남겨줄 수 있으니
무한궤도이어달리기
별까지 닿아 이어지겠네

아침 기도

이른 아침
함안에서 서울 가는
시외버스 터미널
간이 카페

커피 잔 앞에 두고
기도하는 수녀님

수녀님 어깨에 앉아
따라 들어온 꼬마흰점부전나비

고 작은 날개 팔랑팔랑
날개 접었다 펴며
기도 하네

주인도 가만가만
손님들도 가만가만

운칠기삼 원조 순꽁보리밥집

부추김치와 된장찌개
그 꽁보리밥집
줄 늦게 서면 맛볼 수 없어
줄서던 손님들
계약된 기간 끝났다고
곧바로 식당 헐어버리고
다가구 주택 근사하게 짓더니
분양 사기로 몰려
백차 타고 잡혀 갔네
꽁보리밥집 장 사장.
때는 이때라
건물 옆에 번듯하게 간판 걸고
신장개업 원조 순꽁보리밥집
운칠기삼이라던가
강 사장만 대박났네
원조는 없어지고
새 원조가 등극했네
오늘도 스멀스멀 된장냄새
손님들 복작대네

나는 지금이

나는 지금이 좋다
어제보다 나은 오늘을 경험으로
오늘보다 더 나은
내일이 있음으로

과거로 돌아가
어버이를 만나 부룩송아지가 되고
또 가슴 찢어지는 이별을 해야 한다면
차라리 그리운 지금이 더 좋다

얼굴 화끈했던 일 다시 생겨
그 쥐구멍 또 들어가야 한다면
오히려 낯 두꺼운 지금이 더 낫다

흰머리 서리처럼 덮혀도
사람은 늙어 아름다운 것
멀리 돌아와 주름진 얼굴로
거울 앞에 선 노년이여

세한송歲寒松

일생이
곧으셨던 아버지

굽고도 험한 길
석남꽃 피는 머나먼 길
어떻게 가셨을까

아버지 생각에
세한송歲寒松
바라보며

향 한 개
더 꽂습니다

고모가 왔다

신문지에 소고기 한 근 싸들고
삼십 리 길도 멀어 자주 못 찾은
친정어머니 생일 날

어머니 보고파서 댓돌에
버선 벗겨진 줄도 모르고
안방으로 뛰어 들어가신 고모

누나는 버선이 하얀 장화인 줄 알고
살짝 신어보았다지

고모가 왔다!
잠시 후 고깃국 끓이는 연기
우리 집 굴뚝에
높이 솟아올랐네

어머니, 어머니

기억 속 생애의 활동사진을
지우는 데에만 몰두하신 어머니
중풍으로 실어증 되신 아버지도 못 알아보시고
가축 많이 키우시던 할아버지 욕하시다가
동생들 하나씩 지우시다가
갓 태어난 나를 잊으시더니
중매쟁이에게 욕을 퍼 붓고
개울 건너 동네 본가로 돌아가서
집에 와서 기쁘다며 울어대다가
형제자매 모두 잊으시고
말씀도 기억도 모두 다 지우고는
참나무 둥지에 돋는 버섯처럼
마른 혀만 내밀다가 그 혀로
자식 이름 한 번이라도 불러 주시지
그냥 가셨다
귀도 닫은 채 가져 가셨다
어머니, 어머니
부르는 젖은 소리 닦지도 않으시고

아버지의 길

아버지 이쪽으로 오서요
병원 진료카드 들고 모시던 길

아버지 가신 길로
우리도 가고 있다

이쪽으로 오서요
아버지,
아버지

시간은 자꾸만
휘어진 허리에
태엽을 감고 있습니다

오십견

그동안 얼마나 끌어당기려 했고
그 얼마나 거부를 해 왔던지,

사소한 것도 내 것으로 유지하기가 힘든
차라리 다 내려놓는 것이 더 나은 어깨

두 손바닥 머리위로 올려서
벽을 힘껏 밀어야 낫는다는
처방이 있으니 어디
힘껏
밀어보자

베를린 분단 장벽도 무너졌다지
기도의 손바닥 힘으로

내 아가야

병원 가자 집에 가자
보채시는 노모

작아지는 육신을
번갈아 안아주는 아들 딸

병상과 침상 사이
아, 내 아가야

뜬 눈이라도 그냥
낮만 계속되었으면,

우리집 쌀밥

아버지 생일상에만 오르던
하얀 쌀밥
아버지가 되면 마음껏
나도 먹어야지

아버지가 되어도 그
쌀밥을 마음껏 먹지 못하네
성인병 걱정에
생일에도 잡곡밥을 먹네

식당에서 먹는
흰 쌀밥
어쩔 수 없이 먹으며
혈당을 걱정하네

밥뚜껑을 열면 똑같은 김이
서로를 껴안고
물방울로 반짝이는데

절뚝절뚝 가는 봄날

그러다 말겠지 했던 2월
이런 세상이 있구나 하는 3월
무엇이 기다릴까 다음 달은

긴 줄 속에 서서 칠전팔기 적자생존
마스크 일주일치 확보해 놓고 보니
요양병원에 계신 장모님 생각이 난다

청산 뻐꾸기 소리 이명처럼 들리는데
요양병원 뜰 앞엔 길기만 한 봄날이
절뚝절뚝 가고 있네

어떤 모성母性

한 밤중에도 깜깜한 거실 구석에서

반딧불처럼 불을 켰다 껐다 하는 전류 표시등

전선 콘센트에 이어져 불을 켰다 껐다 하면서

싫은 감정 한 번 안 드러내고

주 52시간 근무엔 무관심하고

오버타임 한번 신청한 적 없는

그가 냉장고를 지키고 있다

눈에 벗어날까, 변질될까 노심초사하며

잠 한 번 푹 자 보지도 못하는

어미의 등불

해설

햇살에 빛나던 부활의 순간

이숭원李崇源 (문학평론가, 서울여대 명예교수)

1. 내공內功의 이력

조승래 시인이 일곱 번째 시집을 낸다. 2010년에 등단하여 11년 동안 일곱 권의 시집을 간행하는 것이니 시에 몰입하여 누구보다 치열하게 창작에 전념했음을 알 수 있다. 그는 지금도 사회 활동의 현역에 있는 사람인데, 다른 무엇보다 시를 최우선으로 생각했기에 이런 결과가 나올 수 있었을 것이다. 그런 점에서 그의 시적 탐구의 동력이 어디서 나온 것인지 더욱 궁금하게 여겨진다. 불혹의 지평을 넘어선 그를 시로 이끈 내면의 동인은 무엇일까. 이 해설은 그 궁금증의 답을 찾아가는 과정이기도 하다.

범박한 이야기지만, 조승래 시의 주된 관심은 삶에 있다. 그의 시는 사물을 내면화하여 자신과의 관계를 성찰하고, 자연을 내밀하게 관찰하여 동일화의 유추로 시상을 전개하고, 생활의 단면을 직관하여 존재의 의미를 탐구하는 특징을 보인다. 사물 탐구, 자연 탐구, 인생 탐구의 경향이 하나로 융합되는 원숙한 경지를 추구한다. 이제 그는 모색의 단계를 넘어서서 시를 마음대로 운용할 수 있는 달인의 자리에 이르렀다. 이로 볼 때 지난 세월 동안 그의 연마와 정진이 극진하였음을 충분히 짐작할 수 있다.

첫 번째 시집 『몽고 조랑말』(동학사, 공영해 시인 해설)에 이어 두 번째 시집 『내 생의 워낭소리』(시학, 2011)의 해설을 쓴 김재홍은 조승래의 시가 삶의 탐구에 주력하여 어떻게 사는 것이 바람직하고 가치 있는가를 모색하고 있음을 밝혔다. 세 번째 시집 『타지 않는 점』(시학, 2012)의 해설을 쓴 박호영은 그의 시가 존재자로서의 실존 의식에 바탕을 두고 주변 현상에 대한 관심을 자신의 존재 영역으로 포섭하는 태도를 보인다고 평설했다. 네 번째 시집 『하오의 숲』(황금알, 2014)의 해설을 쓴 유재영은 비화해적 사회에 대한 반성과 성찰, 본원으로 돌아가고자 하는 소망, 동양적 정신주의에 바탕을 둔 무위와 조화와 영원의 지향 등을 중요한 특징으로 거론했다. 다섯 번째 시집 『칭다오 잔교 위』(서정시학, 2015)의 해설을 쓴 장석주는 그의 시가 표면적으로 냉정한 관찰자의 시점을 유지하면서도 시간을 초월한 불멸의 꿈과 영원회귀의 동경을 유지하면서 삶의 도약과 기쁨을 노래한다고 정리했다. 여섯 번째 시집 『뼈가 눕다』 (문학선, 2019)의 해설을 쓴 홍신선은 현실 풍자시의 블랙 유머에 담긴 지적 통찰과 본원적 고향에 대한 복합적 서정을 심도 있게 분석했다.

이러한 다층적 분석과 논의로 볼 때, 그의 시는 현상적으로는 삶의 탐구에 중점을 두며, 철학적으로는 존재론적 본원 탐구에 관심을 기울이며, 미학적으로는 절제와 풍자와 동일화의 기법에 기반을 두고 있음을 알 수 있다. 실제로 그의 시를 읽으면 이러한 세 가지 특징이 다채롭게 혼융을 이루고 있음을 확인할 수 있다. 이제 중요 작품을 중심으로 그의 의식과 사유가 어떻게 형상화되고 어떠한 시적 문맥으로 발현되는지 구체적으로 살펴보겠다.

2. 사물 동일화와 긍정의 시선

시인에게 모든 사물은 열려 있다. 삼라만상은 다양한 양상으로 시인의 감각에 다가와서 비밀스러운 경로로 자신의 뜻을 전한다. 그런 점에서 모든 사물은 시인의 벗이자 스승이다. 사람과 화물을 실어 나르는 기차로부터 밭에서 쟁기질하는 소, 학과 뱁새의 다리, 뱀과 카멜레온의 혀까지, 심지어 서로 다른 환경에서 요리된 돼지고기나 코로나 시대의 마스크까지 시인의 시야에 들어오면 시적 윤기를 빛내는 상징의 보고가 된다.

그의 시 「혀가 말한다」를 보면, 혀에 대한 독특한 관찰과 사색이 펼쳐진다. 뱀은 혀가 짧고 카멜레온은 혀가 길며 새는 부리 밖으로 한 번도 혀를 내밀어 본 적이 없다고 했다. 이 동물들을 수없이 보아 온 내가 인지하지 못한 얘기를 시인은 참으로 능란하게 펼쳐놓는다. 가만히 돌이켜 보니 카멜레온은 순식간에 긴 혀를 내밀어 먹이를 낚아채고 뱀은 짧은 혀를 날름대기는 하지만 그것으로 먹이를 잡지는 않는다. 새들은 부리를 벌려 먹이를 삼킬 뿐 혀는 별로 모습을 드러내지 않는다.

시인이 이들 동물의 혀에 관심을 가진 것은 인간의 이야기를 하기 위해서다. 이 동물들은 "먹이를 한 입에 하나씩만 삼킨다"고 했다. 동물이 약육강식으로 먹잇감을 유린하는 것 같지만 사실은 한 번 먹으면 그것으로 끝이다. 여기에 비해 사람은 "한 끼 먹는 국수에 멸치 수 십 마리를" 우려 넣고 "밥 한 숟가락에 수 십 개의 알곡을" 올린다. 입안의 혀를 잘 놀리기 때문에 다양한 음식도 능숙하게 분배해서 잘 씹을 수 있다. 약육강식하는 동물이 잔인하다고 하지만, 사실은 인간이 동물보다 몇 십 배 더 잔인하다. 그뿐이 아니다. 동물들은 먹이를 먹으면 입을 다물고 혀를 쉬게 하는데, 인간들은 생명을 수없이 유린한 다음에 "작은 혀로 달콤한 거짓말을 팝콘처럼 쏟아"낸다는 것이다. 홍신선이 지적한 현실 풍자의 블랙 유머가 어떤 경향인지 충분히 파악할 수 있다.

다음 시는 시인의 구강에 있던 치아 보철물을 소재로 한 작품인데, 사물에 대한 시인의 관심이 생활의 영역으로 자유롭게 확장된 과정을 보여주는 좋은 예다.

> 간호사가 비닐에 담아
> 나에게 넘겨준 황금빛 보철
> 공손히 받았다
>
> 나와 함께 살아 준
> 이 금속을
> 집에 돌아와
> 연필통에 봉안했다
>
> 고맙다
> 내 사리를 내가
> 봉안하다니
>
> 그날 밤
> 황금빛 별이
> 하늘로 올라가는

꿈을 꾸었다
—「황금 사리舍利」 전문

    치과에 가서 보철 치료를 받을 때 전에 부탁했던 보철물을 돌려받을 때가 있다. 금이라 비싸지 않을까 해서 받아 오지만 쓸모가 없으니 서랍 속을 떠돌다 나중에 어디론가 사라지고 만다. 그런데 시인은 간호사가 건네준 그 보철물을 공손히 받아서 집에 돌아와 연필통에 "봉안"했다. 그 보철물이 "황금빛" 금속이라서 그런 것이 아니라 "나와 함께 살아 준" 내 몸의 일부이기에 그렇게 한 것이다. 여기에 사물을 대하는 시인의 독특한 시선과 감각이 있다. 시인은 그 사물을 자신의 "사리"라고 생각한다. 내 몸의 일부로 기능하다가 그 몫을 다하여 제거된 물품이지만, 내 몸에서 나온 것이기에 승려의 수행 결과 생성되는 사리와 같다고 여긴 것이다.

    사물에 정령이 있어서 그 나름의 에너지를 갖고 활동한다고 생각하는 것을 물활론적 상상력이라고 한다. 물활론적 상상력의 기반을 이루는 것은 인간과 사물을 연속성의 관점에서 파악하는 동일성의 사유다. 조승래 시인이 입안의 보철물을 나와 함께 살아온 물건이라고 생각하고 그것을 자신의 사리로 받아들인 것도 물활론적 상상력이며 동일성의 사유다. 삶이 종결되기 전에 사리를 먼저 받아 봉안했다고 생각하면 마음이 넉넉해지고 편안해진다. 시인은 그 마음을 "고맙다"라고 표현했다. 죽은 다음에 사리가 나오면 그 사리가 어디로 가는지도 모를 텐데 생전에 스스로 사리를 얻어 직접 봉안했으니 보통 고마운 일이 아니다. 고마운 마음과 신비로운 감정에 자극되어 "그날 밤/황금빛 별이/하늘로 올라가는/꿈을 꾸었다"고 했다. 참으로 아름다운 꿈이다. 이런 찬란한 꿈을 꾸려면 금속 조각에 불과한 사물을 자신의 영육의 일부, 정신의 사리로 받아들여야 한다. 그런 물활론적 전환의 사유가 있어야 황금빛 별이 하늘로 오르는 우주의 몽유를 체감할 수 있다. 면벽 십 년에 득도를 한다는데, 등단 십 년에 이런 경지에 이르렀으니 시인의 정진이 보통이 아님을 알아차릴 수 있다.

그의 시 「검劍」도 이러한 정진의 과정에서 탄생한 것이다. 그는 건강 유지를 위해 검도 수련을 한다고 하는데, 검도를 한다고 누구나 이런 시를 쓰는 것은 아니다. 이 시에 의하면 검도는 "중심선 선점과 거리 확보"가 중요하다고 한다. 검도는 맞서 겨루는 상대가 있어야 수련이 성립된다. 그래서 "검은 맞대고/겨뤄야 검이다"라고 했다. 혼자 수련을 할 때에도 상대가 있는 것으로 상정해야 제대로 된 연습이 가능하다. 그러려면 상대방과 자신과의 중심선을 설정해서 그 중심선을 먼저 확보해야 상대를 제대로 공격할 수 있을 것이다. 상대방이 중심선을 선점하는 것을 막으려면 검을 이용해서 거리를 유지해야 한다. 그러니 "중심선 선점과 거리 확보"가 중요한 것이다. 이러한 정신의 단련에 의해 사물과의 거리감이 유지되면서 사물을 보는 눈이 트인다.

  검의 기본은 상대방을 베면 내가 이기고 상대방에게 베이면 내가 패한다는 것이다. 승패의 논리가 너무나 명쾌하다. 여기에는 중간이 없고 대충도 없다. 이것이 인생과 다른 점이다. 검도 수련을 하는 사람은 인생도 그렇게 승패가 분명히 갈리는 극적인 삶을 살고 싶어 할 것 같다. 그러나 그런 "고독한 검투사"의 삶을 생활은 수용하지 않는다. 그러기에 검도는 정신의 수양을 위한 구도의 작업이지 생활의 방편이 아니다. 오늘도 검도 수련을 하는 사람은 "중심에 서서/묵언으로 맞선다". 그러나 일상의 생활인들은 변방에 서서 잡담으로 시간을 보낸다. 작은 혀로 온갖 음식을 저작에 용이하게 적절히 배분하는 동시에 온갖 교언과 허언을 난사하여 사람을 어지럽게 한다. "단 한 번의 섬광에/단 한 번의 생을 거는" 단호한 행동은 생활공간에서는 보기 어렵다. 비속한 생활의 현장에 비하면 검도의 세계는 고귀한 상징성을 지닌다. "허공에는/한 개의/검이 있다"라는 시인의 전언은 그 상징의 세계가 현실에 통용되기 어렵다는 씁쓸한 자인을 내포한 발언이다.

3. 자연 명상과 깨달음의 공동체

시인의 동일화의 시선은 이제 사물을 넘어 자연으로 향한다. 자연은 무궁무진하다. 그리고 자연은 상상력의 보고다. 「기차와 황소」라는 작품을 보면 시인은 전혀 연결될 것 같지 않은 '기차'와 '황소'라는 대상을 연결하여 하나의 완성품을 창조했다. 기차는 사람과 화물을 실어 나르는 수단이다. 시골에서 대도시로 가려면 기차를 타야 했다. 1960년대에서 70년대까지 많은 시골사람들이 이런저런 이유로 기차를 타고 대도시로 탈출했다. 황소는 농촌의 상징적 동물이다. 농사를 지으려면 황소가 꼭 필요하다. 그런 점에서 기차는 농촌의 탈출을 돕는 상징적 사물이고 황소는 농촌의 정착에 필요한 상징적 사물이다. 자식을 대학에 보낼 학비가 없는 농촌의 부모들은 농촌의 필수품인 소를 팔아 유학 자금을 마련했다. 그래서 대학을 우골탑牛骨塔이라고 불렀다. 이런 관계를 알면 기차와 황소라는 이질적 대상이 연결될 수 있는 통로를 발견하게 된다.

"기차는 고향 떠나는 이들을/무던히도 도시로 싣고 갔다"고 시인은 사실을 직접 서술했다. "황소를 향해/차장 밖으로 손을" 흔드는 "낯익은 소년"은 농촌의 소년이다. 황소와 함께 성장했기에 둘은 아주 친한 사이다. 황소로 상징되는 고향을 두고 소년은 청운의 꿈을 품고 기차를 타고 떠난다. 청운의 꿈을 이룬 소년도 많지만 좌절의 늪을 헤 매는 소년도 많을 것이다. 소년을 떠나보내는 황소는 평소처럼 말이 없다. 소년의 얼굴이 차창에 비치다가 사라질 때까지 그 큰 눈으로 물끄러미 바라볼 뿐이다. "소나무를 사이에 두고" 바라본다고 했으니, 뒷동산 아지랑이가 피어오르던 솔밭 사이에 황소를 묶어두고 집안의 누군가가 기차를 내려다보고 있었을 것이다. 황소는 말이 없지만 그 옆의 누군가는 어린 아들이 떠나가는 모습을 보며 "그래그래, 잘 가그라" 속으로 되뇌며 눈물을 삼켰을 것이다. 그런 사연을 시인은 "소나무를 사이에 두고/황소가 물끄러미 바라본다"로 압축했다.

소년은 떠나고 황소 옆의 누군가도 솔밭을 내려가면 황소만 남을 것이다. 황소의 모습은 늘 쓸쓸하다. 소년이 없으니 더욱 쓸쓸할 텐데 황소 잔등에 "말잠자리 한 마리"가 소년 대신 날아왔다고 했다. 50년 전의 풍경이라 지금은 구경조차 할 수 없는 말잠자리를 등장시켰다. 이 정경을 이해하는 사람은 말잠자리라는 시어만으로도 눈물이 난다. 황소에도 시인의 마음이 투영되어 있고 말잠자리에도 시인의 눈물이 투영되어 있다. 자연과 자신을 동일화했기에 이러한 서정이 가능하다. 입안의 보철물을 자신의 사리로 상상했듯이 고향의 황소와 말잠자리에도 자신의 정령을 불어넣은 것이다.

가끔씩 딱따구리 찾아와
　　외로운 신갈나무 어깨 두드리다 가고

　　밤이면 얇은 잎사귀 위에서
　　오색호랑나비
　　잠자다가 간다

　　어딘들 아픔이야 없으랴
　　때로는 수렁처럼 깊은 슬픔도
　　숲에 오면 금방 초록빛이다

　　서로의 안부를 전하며
　　오늘도 나무는 나무끼리
　　숲을 이루고 산다
　　　　　　　　　　　　　　　　—「숲」 전문

　마음의 눈으로 자연을 관찰하면 자연이 자신의 비밀을 사람에게 전해 준다. 참나무과 수목 중 신갈나무는 산의 중턱 이상 고지대의 그늘에서 자란다. 높은 산 그늘진 곳에 사는 신갈나무이니 모습만 보면 외롭다고 여길 만하다. 그 신갈나무에 딱따구리가 찾아와 부리로 구멍을 뚫으며 소리를 낸다. 그것을 시인은 신갈나무의 외로움을 달래주듯 어깨를 두드리다 간다고 의인화했다. 자연을 자신의 벗으로 받아들이면 신갈나무의 '어깨'가 보이는 법이다. 벌레를 잡아먹는 딱따구리 대신에 어깨를 두드리며 외로움을 달래주는 딱따구리가 눈에 들어온다. 밤이 되면 얇은 잎사귀 위에서 오색호랑나비가 잠자다 간다고 했다. 평지에서 볼 수 없는 오색호랑나비도 깊은 산 신갈나무 숲에는 날고 있다. 숲은 초록의 세상이고 초록은 위안의 빛깔이다. 우리가 아프고 슬플 때 초록을 보면 마음이 풀린다. 나무는 사람을 위안하기 위해 초록빛을 가진 것이 아니라, 초록빛이 사람을 위안하니까 사람이 숲으로 모이는 것이다. 초록빛 숲이 지닌 위안의 힘으로 사람의 아픔과 슬픔이 숲에서는 고개를 숙인다. 숲은 초록의 빛깔 안에 모든 나무를 감싸고 "서로의 안부를 전하며" 위안의 공동체를 형성한다. 시인은 숲에서 초록 공동체를 발견했다. 신갈나무, 가문비나무, 떡갈나무가 홀로 있지 않고 딱따구리와 오색호랑나비가 함께 어울려 사는 공동체를 발견한 것이다. 시인은 숲 공동체를 통해 화합과 조화가 이루어진 인간 공동체도 꿈꾼다.

「하늘 나그네」에는 더 독특한 자연 명상이 나타난다. 초승달과 보름달을 바라보며 채우고 비우는 인간사의 과정을 사유했다. 초승달이 보름달이 될 때까지는 채움의 시간이다. 보름달이 된 후는 계속 비움의 시간을 살아간다. 채우면 보름달로 환해지고 버리면 그믐달로 어두워진다. "채우는 데에 반 달"이요 "버리는 데에 반달"이다. 달은 인간사의 버림과 채움의 순환 과정을 자연의 이법으로 드러내고 있는 것이다. 그러니 사람도 환한 빛으로 차면 버릴 줄 알아야 하고 버려서 캄캄해진 다음에는 다시 채울 줄을 알아야 한다. 달이 차고 이우는 변화를 통해서 인간사의 이법을 헤아릴 수 있는 것이다.

「점멸漸滅, 또는 적멸寂滅」은 다솔사 앞의 고사목이 다 된 삼나무를 보고 쓴 시다. 삼나무는 몸체가 다 삭아서 "살며 감아왔던 나이테 몽땅 빼어 버리고/껍질만으로도 한 채 탑을 쌓"은 듯 형해만 남은 상태다. 호기심 삼아 시인이 나무 안을 들여다보았더니 꼭대기 쪽 뚫린 구멍에 한 줌 하늘이 보인다. 시인은 그것을 "검은 세월의 여백에 찍은 낙관"이라고 생각했다. 다솔사는 진신 사리를 모셨다고 하고 돌로 만든 부도에는 고승의 사리를 모셨다고 하는데, 그 옆의 고목도 속을 비우고 깨달은 듯 공空의 모습을 보여 주고 있는 것이다. 속을 비운 공의 양태를 통해 무아와 무상의 경지를 드러내고 있다. 그러니 그 고사목 자체가 진신 사리를 모신 탑에 해당하는 것이다. 점차 소멸해 가는 삼나무 고사목이 바로 적멸의 법신 그 자체임을 깨달았다. 이러한 깨달음은 자연과의 동일화가 갖는 물활론적 사유에 의해 가능하다. 고사목을 안고 도는 "바람에 번져가는 솔향기"는 그 깨달음에 호응하는 자연의 화답이다.

마른 잎 몇 장
땅위에 엎드렸다가 사그라지더니

그게 마중을 간 것이구나
문패도 없는 거길 용케도 찾아

떡잎을 데리고 왔네
공손하게 모시네

여기
또 저기에서도
받드는 희망

—「연두는 희망」 전문

 이 짧은 시도 자연과의 동일화에서 빚어진 깨달음의 표현이다. 여기에는 계절의 순환이 개입되어 있다. 천지만물의 조화가 이 한 편에 압축되어 있다. 가을이면 "마른 잎 몇 장/땅위에 엎드렸다가 사그라"진다. 마른 잎은 썩어 흙이 되지만, 그것은 무無로 돌아간 것이 아니다. 시인은 마른 잎이 떨어져 사라진 것이 떡잎의 마중을 간 것이라고 상상한다. "문패도 없는 거길 용케도 찾아/떡잎을 데리고 왔네/공손하게 모시네"라고 상상했다. 가을의 마른 잎이 봄의 떡잎을 찾아 길을 떠나 문패도 없는 곳을 용케 찾아 길을 안내하여 떡잎을 피어나게 했다는 것이다. 자연 현상과는 전혀 다른 상상이지만 시인의 상상으로는 아름다운 상상이다. 이런 상상으로 인해 자연은 더 신비롭게 다가오고 우리가 사는 세상이 더 아름답게 빛난다. 시인은 그 상호작용의 결과 "여기/또 저기에서도/받드는 희망"이 솟아난다고 했다. 두 손으로 공손하게 모셔야 할 소중한 시행이다 지극히 범상하면서도 신묘한 이런 상상은 조승래의 시가 아니면 다른 곳에서 보기 힘들다.

4. 존재 성찰과 자아의 소망

인간이라는 존재는 시간의 흐름 속에 살아간다. 그래서 인간이 무엇이냐를 묻는 물음은 존재의 문제로 이어지고 종국에는 시간에 대한 탐구로 전개된다. 초기 기독교의 위대한 사상가 아우구스티누스가 시간의 문제에 관심을 가진 것도 인간 존재를 새롭게 성찰하고자 했기 때문이다. 그는 시간을 인간 의식의 지속 현상으로 파악하여, 과거라는 시간이 있는 것이 아니라 과거에 대한 기억이 있을 뿐이며, 미래라는 시간이 있는 것이 아니라 미래에 대한 기대가 있을 뿐이라고 했다. 현재도 의식의 진행선상에 놓이기 때문에 어느 한 순간을 지정할 수 없다고 했다. 영원한 시간은 창조주의 것이고, 피조물인 인간은 시간의 끊임없는 흐름 속에 가변적인 의식을 가질 수밖에 없다고 보았다. 조승래 시인도 인간의 생을 관장하는 시간에 관심을 보였다. 시간이 모든 사물에 평등하게 진행되는 것 같지만 인간의 주관적 의식에 의해 '시간의 먼지'도 쌓이고 '시간의 매듭'도 생긴다는 상상을 보여주었다.

> 시간의 먼지가 골목 모퉁이에 모여 수런대고
> 마른가지에도 화석에도 잔뜩 쌓여있다
>
> 주름과 각질에 더 많이 모이고
> 파고다 공원 노인네들 모인 곳으로 먼저
> 찾아가는 줄만 알았는데
>
> 신생아실, 햇살에도 가고
> 너무 기쁠 때는 매듭을 묶어 놓고 가기도 한다
>
> 매듭은 많을수록 가슴이 부풀어 올라
> 사과처럼 붉은 웃음이 팽팽하다
>
> 그 첫 사랑
> 시간이 머무는 기억의 서랍장 열면
> 새벽 감꽃 풋내가 아직도 파랗다
> ―「시간의 매듭」 전문

시인이 시간을 성찰한다는 것은 존재의 본질 탐구에 관

심을 기울인다는 뜻이다. 시인은 우선 '시간의 먼지'에 주목했다. 시간의 먼지는 시간이 진행하면서 남긴 자취, 혹은 시간이 지체되어 축적된 형태라고 할 수 있다. 예를 들어 골목 모퉁이나 마른가지, 오래된 화석 같은 데에는 시간의 잉여물들이 쌓여 갈 길을 잃고 모여 있을 것 같다. 시간의 흐름이 정체된 부분이 있는 것이다. 사람 얼굴의 오래된 주름이라든가 피부의 각질 같은 곳에 시간이 누적된 형태가 남아 있을 것이라고 상상했다. 노인들이 모여 오래된 농담을 남발하는 파고다 공원 같은 데 시간의 누적물이 먼지로 쌓여 있을 것 같다.

그러나 본래 시간은 햇살처럼 평등하여 삼라만상 누구에게나 가리지 않고 찾아간다. 늙은 사람의 주름이라든가 병든 사람의 각질에만 머물지 않고 세상에 새로 태어나는 신생아실의 환한 햇살도 당연히 찾아간다. 부모들의 밝은 웃음과 신생아의 천진한 입술을 보면 시간도 기쁜 마음이 들어 "매듭을 묶어 놓고 가기도 한다"고 시인은 상상했다. 시간이 새롭게 매듭을 묶어 놓았으니 그 즐거운 시간의 둘레에 웃음과 기쁨이 배가될 것이다. 시간의 매듭에 아이의 웃음이 겹치고 부모의 기쁨이 중첩된다. 매듭은 더욱 커지고 단단해진다. 이것을 시인은 "가슴이 부풀어 올라/사과처럼 붉은 웃음이 팽팽하다"고 표현했다.

첫 아이가 태어나 가슴에 품어 첫 젖을 물리고 아이의

행복한 미소를 들여다보던 그 환희의 순간을 엄마는 평생 잊지 못한다. 오랜 시간이 지나서 과거의 기억이 허물어지는 그런 상태가 되어도 아이가 태어나 젖을 물리던 환희의 순간은 사라지지 않는 것이다. 그 순간의 감각을 "시간이 머무는 기억의 서랍장 열면" "새벽 감꽃 풋내가 아직도 파랗다"고 시인은 표현했다. 감꽃이 처음 피어나던 새벽의 풋내에 시간의 매듭이 맺어져 아무리 세월의 희석 작용이 진행되어도 매듭이 풀어지지 않는다고 본 것이다. 여기에 시간의 비밀이 있고 인간 의식의 오묘함이 있다.

    시간이 흘러 나이가 들면 존재의 소멸에 대해 명상하게 된다. 자신의 죽음을 예비할 시간이 찾아오는 것이다. 「소실점과 관련하여」는 생의 소실, 종말에 대한 명상이다. 우주의 점 하나가 사라지는 것처럼 깨끗한 소멸이 온다면 더 바랄 것이 없다. 그러나 그러한 깨끗한 소멸이 누구에게나 보장되어 있는 것이 아니다. 소멸의 방식은 사람이 선택하는 것이 아니다. 누군가는 치매가 와서 자신이 무슨 병을 앓는지도 모르고 헤매고, 또 누구는 중풍으로 쓰러져 몸을 가누지 못하고 죽음을 기다리는 신세가 된다. "점 안으로/들어가는/깨끗한/나의 소멸"은 만인의 희망이지만 누구에게나 그런 행운이 오는 것이 아니다. 그러면서도 우리는 그러한 깨끗한 소멸이 오기를 기대한다. 우주라는 "광대한 실존"의 바다에서 "시간 밖으로/사라지는//점 하나"가 되기를 소망한다. 그 소망을 이루기 위해서는 정신의 수양이 필요하다. 수행과 정진을 통해 깨끗한 소멸을 기대할 수 있는 것이다.

「빈 족적」은 자신의 죽음이 아니라 선대先代의 죽음을 생각하며 존재의 문제를 성찰했다. 사람이 세상에 올 때는 맨발로 태어난다. 돌아가시면 고인의 발에 삼베 신발을 신겨드린다. 죽은 사람은 말이 없으므로 모든 것을 버리고 떠난다는 사람도 삼베 신발은 사양하지 못한다. 생각해 보면 산다는 것은 "굳은 살 무디도록" 수없이 많은 길을 걷는 일이다. 그렇게 많은 길을 걸었지만 결국에는 "허공의 새처럼/발자국 하나도 없이" 떠나는 것이 인생이다. 어떤 길을 걸었건 누구나 삼베 신발 신고 떠나는 것이 인간이다. 남은 후손에게는 그리움이 대대로 남겠지만 떠나는 사람의 입장에서 보면 그것도 부질없는 일이다. 발자국조차 남기지 않고 떠나는데 그리움이 무슨 의미가 있겠는가. 결국 잘 떠나는 것이 중요하다. 큰 미련 남기지 않고 순리대로 살다가 순리대로 죽어 하나의 점으로 소멸하는 것이 상책이고 행복이다. 그는 자신의 현재 위상을 다음과 같이 여유롭게 상상했다.

> 벌써 60년 전 시위를 떠나
> 과녁을 향해 직진하는 나는

여기쯤에서부터
되돌아도 보고 곁눈질도 해도 되겠다
꽂히면 소멸되어 되돌아 올 수 없는 거기까지

쏘아놓고 먼저 가신 그분들은
이제 걱정 안하서도 되겠다
제동도 가속도 필요 없이
만면에 웃음 짓고
활공을 즐기는 이 모습을 보면

―「완주」 전문

  인생 육십을 살았으면 반 이상 살았다고 할 수 있으리라. 그쯤 되면 여유가 생겨 되도 돌아보고 곁눈질도 하는 시간의 지체를 견딜 만하다. 시간의 매듭을 풀고 시간의 먼지를 닦을 나이가 된 것이다. 과녁에 한번 꽂히면 되돌아올 수 없으니 직진의 자세를 누그러뜨리고 뒤도 보고 옆도 보며 느린 시간의 흐름을 즐길 만하다. 시인은 그러한 자신의 모습을 '활강'이라고 요약했다. 활강이란 비탈진 곳을 미끄러져 내려간다는 뜻이다. 정해진 순로에 따라 자연스럽게 미끄러져 목적지에 도달하면 만사가 오케이다. 관성에 의해 저절로 진행하니 제동도 가속도 필요 없다. 만면에 웃음을 짓고 활강을 즐긴다고 했으니 시인의 여유가 부러울 정도다. 그가 이렇게 여유를 과장되게 표현한 것은

"쏘아놓고 먼저 가신 그분들"께 걱정을 끼치지 않기 위함이다. 이리저리 비틀거리며 날거나 공포에 질려 허튼소리를 내면 먼저 가신 그분들이 얼마나 걱정하시겠는가. "만면에 웃음 짓고/활공을 즐"긴다고 해야 그분들도 안심을 하고 우리들의 마음도 편안해진다.

그러나 살아 있는 정신을 가진 인간이 그런 편안한 활강에 안주할 수는 없다. 이 시집의 표제작인 다음 시를 읽으면 존재에 대한 새로운 인식에 우리 마음에 기이한 파동이 일어난다. 그 파동은 활강의 순조로움과는 다른 또 하나의 경이로운 물결이다.

> 누구라 묻지 않고 우리는 둘러 앉아 그랬었다 쟁반에 받쳐 나온 정갈한 바다의 크기에 대해 이야기하며 가끔씩 펄떡대는 생존의 소리를 들으며 그날의 조간신문 기사를 질겅질겅 씹어 삼키기도 했다 살은 살대로 뼈는 뼈대로 발라먹고, 우려먹고 남은 것은 수북한 식욕의 찌꺼기, 우리에게 필요한 것은 기실 더 맵고, 더 짜고, 더 얼큰한 부재료들이었다. 이렇게 조문도 끝나기 전 부드러운 곡선으로 바다를 누비고 다녔을 감성돔의 아득한 생애가 적나라하게 드러난 것이다
>
> 크기: 두자 반, 주소: 남해 봄바다,
> 제목: 무제, 낚은 이: 모 씨, 날짜: 모월 모일.
>
> 이젠 돌아와 백지 위에 누운 영혼의 가벼움, 우리는 다시 낚싯

바늘에 끌려온 그날 수평선의 무게를 가늠해보는 것이다 비 젖은
햇빛에 반짝이는 수평선, 갈매기가 물고 간, 매일매일 옷을 벗는
수평선 너머로 화려한 먹물들의 부활, 뼈가 없어도 살이 없어도
짜릿했던 순간을 기념하듯 빈 위장에는 파도가 오늘도 출렁였다
—「어느 봄바다 활동성 어류에 대한 보고서」 전문

    이 시에는 존재에 대한 성찰과 자연 탐구가 결합되어 있다. 그런 점에서 그의 야심작이라고 할 만하다. 낚싯배 선창에 둘러앉은 사람들은 일상의 담화를 나눈다. 낚시로 건져 올린 물고기의 크기와 그 싱싱함에 대해 이야기하다가 조간신문에 난 기사를 과장되게 떠들며 허장성세를 부리기도 한다. 아직도 살아서 펄떡대는 물고기의 생존의 몸부림에는 별 관심이 없는 듯하다. 낚싯배 갑판 위에는 죽음과 삶이 겹쳐지고 생존의 몸부림과 생활의 비루함이 겹쳐진다. 무어라 떠들며 질겅질겅 씹어 삼키는 우리들의 모습은 비속과 탐욕 그 자체다. "살은 살대로 뼈는 뼈대로 발라 먹"는 것은 낚시로 잡은 물고기이자 아침 신문기사에서 본 시정의 잡사이기도 하다. 어디서나 남는 것은 "수북한 식욕의 찌꺼기"일 뿐이다. 우리들은 무언가 "더 맵고, 더 짜고, 더 얼큰한 부재료"를 원했지만 그런 것은 존재하지 않는다. 마음속으로 더 많은 것을 원하면서도 우리들은 세속의 삶에 안주하고 자족했다. 우리들은 감성돔의 뼈를 발라내고 살을 집어 삼켰을 뿐 "부드러운 곡선으로 바다를 누

비고 다녔을 감성돔의" 생명의 본질에 대해서는 전혀 알지 못했던 것이다.

그러나 살아 있는 인간이 진정으로 원하는 것은 존재와 생명의 본질에 대한 탐구다. "이젠 돌아와 백지 위에 누운 영혼의 가벼움"에 대해 왜 우리는 고민하지 못하는가. 우리들의 상처와 슬픈 영혼의 탄식에 대해 우리는 왜 알려 하지 않는가. 아침 신문에 난 가십 거리에 흥미를 느끼며 시정 잡사를 논란하는 우리들은 백지 위에 놓인 감성돔만도 못한 존재, 생의 활력을 상실한 존재들이다. 우리들에게 필요한 것은 감성돔의 죽은 육체가 아니라 "낚싯바늘에 끌려온 수평선의 무게"요, "비 젖은 햇빛에 반짝이는 수평선", "수평선 너머로 화려한 먹물들의 부활", "뼈가 없어도 살이 없어도 짜릿했던 순간" 그 생명의 전율에 대한 시간의 매듭들인 것이다. 시인은 비속한 낚시의 비린내에서 벗어나 생명의 정수로 들어가고 싶은 탐험의 욕망을 느낀다. 그리고 그 욕망의 소슬한 상승을 우회적으로 표현한다. "만면에 웃음 짓고/활공을 즐기는" 편안함에서 벗어나 햇빛에 반짝이는 수평선 너머 화려한 부활의 순간을 몽상하고 동경한다. 세속의 쾌락이 없어도 정신이 짜릿했던 순간을 떠올리며 빈 위장에 파도가 출렁이는 모험의 시간을 소망하는 것이다.

시인은 이러한 소망을 직접 드러내지 않고 우회적으로,

복합적으로 표현했다. 60대의 활강을 즐기는 처지에 그러한 황홀경의 환각을 표현하는 것이 일견 과장되거나 희화화되지 않을까 우려한 결과였을 것이다. 그러나 시의 불꽃은 그러한 황홀경의 환각에서 탄생한다. 생명의 전율을 찾아 도약할 때 새로운 시의 활로가 열린다. 등단 10년에 7권의 시집을 내는 열정이 있으니 새로운 도약에 충분히 내기를 걸 만하다. 그 도약의 앞길을, 어느 봄바다에서 만난 활동성 어류의 생동감이 열어 줄 것이다. 비 젖은 햇살에 반짝이던, 짜릿하고 화려했던 부활의 순간이.

조승래趙勝來

경남 함안 출생, 2010년 시와시학으로 등단
시집 『몽고 조랑말』, 『내 생의 워낭소리』, 『타지 않는 점』, 『하오의 숲』, 『칭다오 잔교 위』, 『뼈가 눕다』, 『공감여행』(임재도 작가와 공동시집), 『길 위의 길』(김일태 시인 등 공동시집)
계간문예 작품상 수상(2020)
 한국타이어 상무와 단국대 겸임교수 역임(경영학 박사), 가락문학회, 시와시학회, 포에지창원, 함안문인협회 회원, 한국시인협회 이사
 chosr518@hotmail.com

서정시학 시인선 177
어느 봄바다 활동성 어류에 대한 보고서

2021년 3월 15일 초판 1쇄 발행

지 은 이 · 조승래
펴 낸 이 · 최단아
펴 낸 곳 · 도서출판 서정시학
인 쇄 소 · ㈜ 상지사
주　 소 · 서울시 서초구 서초중앙로 18, 504호 (서초쌍용플래티넘)
전　 화 · 02-928-7016
팩　 스 · 02-922-7017
이 메 일 · lyricpoetics@gmail.com
출판등록 · 209-91-66271
ISBN 979-11-88903-68-9 03810

계좌번호: 국민 070101-04-072847 최단아(서정시학)
값 12,000원

* 잘못된 책은 바꾸어 드립니다.

서정시학 시인선 목록

001 드므에 담긴 삽					강은교, 최동호
002 문열어라 하늘아					오세영
003 허무집						강은교
004 니르바나의 바다					박희진
005 뱀 잡는 여자					한혜영
006 새로운 취미					김종미
007 그림자들						김 참
008 공장은 안녕하다					표성배
009 어두워질 때까지					한미성
010 눈사람이 눈사람이 되는 동안		이태선
011 차가운 식사					박홍점
012 생일 꽃바구니					휘 민
013 노을이 흐르는 강					조은길
014 소금창고에서 날아가는 노고지리		이건청
015 근황						조항록
016 오늘부터의 숲					노춘기
017 끝이 없는 길					주종환
018 비밀요원						이성렬
019 웃는 나무					신미균
020 그녀들 비탈에 서다				이기와
021 청어의 저녁					김윤식
022 주먹이 운다					박순원
023 홀소리 여행					김길나
024 오래된 책					허현숙
025 별의 방목						한기팔
026 사람과 함께 이 길을 걸었네		이기철
027 모란으로 가는 길					성선경
029 동백, 몸이 열릴 때				장창영
030 불꽃 비단벌레					최동호
031 우리시대 51인의 젊은 시인들		김경주 외 50인
032 문턱						김혜영
033 명자꽃						홍성란
034 아주 잠깐					신덕룡
035 거북이와 산다					오문강
036 올레 끝						나기철
037 흐르는 말					임승빈
038 위대한 표본책					이승주
039 시인들 나라					나태주
040 노랑꼬리 연					황학주
041 메아리 학교					김만수
042 천상의 바람, 지상의 길			이승하
043 구름 사육사					이원도
044 노천 탁자의 기억					신원철
045 칸나의 저녁					손순미

046	악어야 저녁 먹으러 가자	배성희
047	물소리 천사	김성춘
048	물의 낯에 지문을 새기다	박완호
049	그리움 위하여	정삼조
050	샤또마고를 마시는 저녁	황명강
051	물어뜯을 수도 없는 숨소리	황봉구
052	듣고 싶었던 말	안경라
053	진경산수	성선경
054	등불소리	이채강
055	우리시대 젊은 시인들과 김달진문학상	이근화 외
056	햇살 마름질	김선호
057	모래알로 울다	서상만
058	고전적인 저녁	이지담
059	더 없이 평화로운 한때	신승철
060	봉평장날	이영춘
061	하늘사다리	안현심
062	유씨 목공소	권성훈
063	굴참나무 숲에서	이건청
064	마침표의 침묵	김완성
065	그 소식	홍윤숙
066	허공에 줄을 긋다	양균원
067	수지도를 읽다	김용권
068	케냐의 장미	한영수
069	하늘 불탱	최명길
070	파란 돛	장석남 외
071	숟가락 사원	김영식
072	행성의 아이들	김추인
073	낙동강 시집	이달희
074	오후의 지퍼들	배옥주
075	바다빛에 물들기	천향미
076	사랑하는 나그네 당신	한승원
077	나무수도원에서	한광구
078	순비기꽃	한기팔
079	벚나무 아래, 키스자국	조창환
080	사랑의 샘	박송희
081	술병들의 묘지	고명자
082	악, 꽁치 비린내	심성술
083	별박이자나방	문효치
084	부메랑	박태현
085	서울엔 별이 땅에서 뜬다	이대의
086	소리의 그물	박종해
087	바다로 간 진흙소	박호영
088	레이스 짜는 여자	서대선
089	누군가 잡았지 옷깃,	김정인
090	선인장 화분 속의 사랑	정주연

091	꽃들의 화장 시간	이기철
092	노래하는 사막	홍은택
093	불의 설법	이승하
094	덤불 설계도	정정례
095	영통의 기쁨	박희진
096	슬픔이 움직인다	강호정
097	자줏빛 얼굴 한 쪽	황명자
098	노자의 무덤을 가다	이영춘
099	나는 말하지 않으리	조동숙
100	닥터 존슨	신원철
101	루루를 위한 세레나데	김용화
102	골목을 나는 나비	박덕규
103	꽃보다 잎으로 남아	이순희
104	천국의 계단	이준관
105	연꽃무덤	안현심
106	종소리 저편	윤석훈
107	칭다오 잔교 위	조승래
108	둥근 집	박태현
109	뿌리도 가끔 날고 싶다	박일만
110	돌과 나비	이자규
111	적빈赤貧의 방학	김종호
112	뜨거운 달	차한수
113	나의 해바라기가 가고 싶은 곳	정영선
114	하늘 우체국	김수복
115	저녁의 내부	이서린
116	나무는 숲이 되고 싶다	이향아
117	잎사귀 오도송	최명길
118	이별 연습하는 시간	한승원
119	숲길 지나 가을	임승천
120	제비꽃 꽃잎 속	김명리
121	말의 알	박복조
122	파도가 바다에게	민용태
123	지구의 살점이 보이는 거리	김유섭
124	잃어버린 골목길	김구슬
125	자물통 속의 눈	이지담
126	다트와 주사위	송민규
127	하얀 목소리	한승헌
128	온유	김성춘
129	파랑은 어디서 왔나	성선경
130	곡마단 뒷마당엔 말이 한 마리 있었네	이건청
131	넘나드는 사잇길에서	황봉구
132	이상하고 아름다운	강재남
133	밤하늘이 시를 쓰다	김수복
134	멀고 먼 길	김초혜
135	어제의 나는 내가 아니라고	백 현

136 이 순간을 감싸며	박태현
137 초록방정식	이희섭
138 뿌리에 관한 비망록	손종호
139 물속 도시	손지안
140 외로움이 아깝다	김금분
141 그림자 지우기	김만복
142 The 빨강	배옥주
143 아무것도 아닌, 모든	변희수
144 상강 아침	안현심
145 불빛으로 집을 짓다	전숙경
146 나무 아래 시인	최명길
147 토네이토 딸기	조연향
148 바닷가 오월	정하해
149 파랑을 입다	강지희
150 숨은 벽	방민호
151 관심 밖의 시간	강신형
152 하노이 고양이	유승영
153 산산수수화화초초	이기철
154 닭에게 세 번 절하다	이정희
155 슬픔을 이기는 방법	최해춘
156 플로리안 카페에서 쓴 편지	한이나
157 너무 아픈 것은 나를 외면한다	이상호
158 따뜻한 편지	이영춘
159 기울지 않는 길	장재선
160 동양하숙	신원철
161 나는 구부정한 숫자예요	노승은
162 벽이 내게 등을 내주었다	홍영숙
163 바다, 모른다고 한다	문 영
164 향기로운 네 얼굴	배종환
165 시 속의 애인	금동원
166 고독의 다른 말	홍우식
167 풀잎을 위한 노래	이수산
168 어리신 어머니	나태주
169 돌속의 울음	서영택
170 햇볕 좋다	권이영
171 사랑이 돌아오는 시간	문현미
172 파미르를 베고 누워	김일태
173 사랑혀유, 걍	김익두
174 있는 듯 없는 듯	박이도
175 너에게 잠을 부어주다	이지담
176 행마법	강세화